AF461396

LES ELEMENS,

TROISIÉME BALLET DANSÉ PAR LE ROY,

Dans ſon Palais des Thuilleries;

En l'Année 1721.

REPRÉSENTÉ PAR L'ACADEMIE ROYALE DE MUSIQUE;

Le vingt-neuviéme jour de May 1725.

Et le vingt-ſeptiéme jour de May 1734.

DE L'IMPRIMERIE
De JEAN-BAPTISTE-CHRISTOPHE BALLARD,
Seul Imprimeur du Roy, & de l'Académie Royale de Muſique.

M. DCCXXXIV.

AVEC PRIVILEGE DU ROY.

LE PRIX EST DE XXX. SOLS.

TERPSICORE, AU ROY.

O Toy, de l'Univers la plus chere esperance,
PRINCE, dont les Vertus assurent la puissance,
Toy, qui fais rajeunir la FRANCE & les beaux Arts;
Daigne sur TERPSICORE abaisser tes regards:
Donne aux Muses mes Sœurs la gloire de t'instruire,
Celle de t'amuser est la seule où j'aspire.
Puissent pour Toy mes Jeux devenir plus galants,
Puissent avec ton goût, s'élever les Talents!
Je ne regrette plus les Fêtes de la Grece,
Spectacles où les Rois éprouvoient leur adresse.

Quel prix Tu mets à ceux que je vais célébrer!
De tes propres attraits Tu daignes les parer.
PRINCE, que ton Palais s'ouvre au Peuple qui t'aime,
En Toy, dans ces momens il ne voit que Toy-même,
Il trouve dans tes pas la noble activité,
Sur ton front l'air serein, la fleur de la beauté,
Dans tes jours rafermis, un espoir plein de charmes,
Jours devenus pour nous plus chers par nos allarmes!
Jusques dans tes plaisirs Tu t'attires les cœurs,
Et de joye & d'amour Tu vois couler des pleurs.
Le Grand ROY, dont le Ciel commence en Toy l'image,
En adoptant mes Jeux, en consacra l'usage:
Et ceux qui sur la Scene avoient suivy ses pas,
Le suivirent bien-tôt dans l'ardeur des Combats.
Leur Sang & leur Vertu pour Toy se renouvelle,
Leurs Enfans sous tes yeux font l'essay de leur zele:
Tel en attendant l'âge & les soins des Heros,
Achille ennoblissoit les jours de son repos.

ROY.

ON a choisi LES ELEMENS comme un Sujet capable de varier le Spectacle & la Musique, & l'on a conçû que des Intrigues separées devoient moins fatiguer l'attention, qu'une Piece en plusieurs Actes, & qu'elles amenoient les Divertissements avec plus de facilité.

On a préferé aux Genies Elementaires des Personnages plus connus.

L'AIR offre l'évenement tragique d'*Ixion*, & son amour pour *Junon* qui préside à cet Element.

L'EAU est caracterisée par le naufrage d'*Arion*, par sa reception chez *Neptune*, pareille à celle de *Thesée* * chez *Achelous*, & par son Mariage avec une Syrene, union convenable à leurs talents & au lieu où la Scene se passe.

* Ovid. Metam. liv. 9.

LE FEU Elementaire ne pouvoit être que celuy des Vestales, qui s'allumoit aux rayons du Soleil, (car *Vulcain* ne designeroit que le feu terrestre.) Le trait d'Histoire * qu'on a adopté est célébre; le peril d'*Emilie* interessant, & l'Action est dénouée par un prodige assorty à la superstition des Romains.

* Val. Max. c. 3.

LA TERRE rassemble tous les Dieux qui l'habitent, ou qui la cultivent, & les plus agréables sont *Vertumne* & *Pomone*, dont l'avanture n'avoit point encor été mise au Theâtre, telle qu'*Ovide* nous l'a laissée.

Enfin, ce Ballet donne de soy-même l'idée du Prologue : LES ELEMENS sont nez du Cahos ; l'on a saisi le moment de leur naissance : Et à l'exemple de *Virgile*, * on a cru pouvoir annoncer dès le commencement du monde, les destinées D'UN PRINCE qui en doit faire le bonheur.

* Eclog. 4. Æneide, 6.

PERSONNAGES DU PROLOGUE.

LE DESTIN,	Mr. Chassé.
VENUS,	Mlle Erremens.
Troupe de Graces & de Plaisirs de la Suite de VENUS.	
UNE GRACE,	Mlle. Petitpas.

PERSONNAGES DANSANTS.

SUITE DE VENUS;

Monſieur Malter-C.;

GRACES;

Meſdemoiſelles Saint-Germain, Le Breton, Favre.

PLAISIRS;

Meſſieurs Dupré, Savar, Javilliers-C., Caſtillon,
Meſdemoiſelles Petit, Rabon, Durocher, Carville.

Acteurs & Actrices Chantans dans tous les Chœurs du Prologue & du Ballet.

CÔTE' DU ROY.		CÔTE' DE LA REINE.	
Meſdemoiſelles	*Meſſieurs*	*Meſdemoiſelles*	*Meſſieurs*
Dun.	Dun-Pere.	Antier-C.	Le Myre. Morand.
Carton.	St. Martin. Lefebvre.	Thetelette.	Deſerre. Plet.
Delorge.	Louette. Marcelet.	Charlard.	Gaucher. Dautrep.
Gouſſier.	Deshais. Buſeau.	Lavallée.	Laſalle. François.
Ducoudray.	Dupleſſis. Combault.	Deshaigles.	Ducheſne. Houbault.
Marielle.	Rochette.	Gaucher.	Bourque.

PROLOGUE.

Le Theâtre représente le Cahos. C'est un amas de Nuages, de Rochers, d'Eaux immobiles & suspenduës, de Feux qui s'échapent par des volcans. Le Destin est placé au milieu du Theâtre.

SCENE PREMIERE.

LE DESTIN.

Es temps sont arrivez : Cessez triste Cahos.
Paroissez Elemens; Dieux, allez leur prescrire
Le mouvement & le repos:
Tenez-les renfermez chacun dans son empire.

Coulez Ondes, coulez, volez rapides Feux,
Voile azuré des Airs embrassez la Nature,
Terre enfante des fruits, couvre-toy de verdure:
Naissez Mortels, pour obéir aux Dieux.

Le Feu monte à sa Sphere, les Nuages s'étendent, les Arbres couverts de fleurs & de fruits, sortent de terre, & les deux aîles du Theâtre découvrent les DIEUX DES ELEMENS;

SÇAVOIR,

Ceux *de l'Air*, Junon, Eole, le Soleil, l'Aurore:

Ceux *de l'Eau*, Neptune, Thetis & les Syrenes:

Ceux *du Feu*, Vesta, Vulcain, les Forgerons:

Ceux *de la Terre*, Cybele, Cerés, Bacchus, Pomone, Flore:

Les Choeurs d'un côté, sont des Mariniers, & de l'autre côté, des Moissonneurs.

CHOEUR.

Paix adorable,
Regnez sur nous;
Sans vous, rien n'est durable,
L'ordre de l'Univers ne dépend que de vous.

SCENE II.

VENUS, Suite de VENUS, LE DESTIN.

VENUS.

TAndis qu'entre les Dieux le monde se partage,
Qu'aux divers Elemens, ils doivent présider,
L'Amour est oublié, c'est l'Amour qu'on outrage!
Sans luy tant d'interests peuvent-ils s'accorder?

Rappellons aujourd'huy la Discorde bannie,
Hâtons-nous, rompons ses fers,
Dans le premier Cahos replongeons l'Univers;
Des Elemens détruisons l'harmonie.

LE DESTIN.

Rassure-toy, Venus: A ces Dieux j'ay soûmis
La Terre, le Feu, l'Air & l'Onde;
Mais que sert de marquer un Empire à ton Fils,
Ce seroit le borner, n'a-t-il pas Tout-le-monde?

VENUS.

Combien verray-je, helas! durer tous ces honneurs,
S'il est vray qu'un Mortel doit naître,
Qui des autres, paisible Maître,
Doit un jour à mon Fils disputer tous les cœurs?

LE DESTIN.

Après cent Rois célébres dans l'Histoire,
Il viendra des Mortels accomplir les desirs;
Mais il doit des Heros, rapeller la memoire;
Et laissant à ton Fils l'Empire des plaisirs,
Il ne voudra que celuy de la gloire.

VENUS.

Mes soupçons jaloux sont finis.
Vous, à qui l'Avenir se montre sans nuage,
Destin, faites-moy voir l'Image
De ce Mortel si semblable à mon fils.

Le fond du Theâtre s'ouvre, & l'on voit paroître
LA STATUE DU ROY.

LE DESTIN.

Tu le vois, c'est des Dieux le plus parfait ouvrage:
Célébrons les beaux jours que son regne présage.

VENUS, alternativement avec LES CHOEURS.

Trompettes, éclatez, frapez, percez les Airs,
Eclatez, annoncez un Maître à l'Univers.
Tous les Cœurs volent sur ses traces,
Tous les Dieux vont s'unir pour sa félicité,
Sur son auguste front brille la Majesté;
Dans ses yeux regnent les graces.

On danse.

Trompettes, éclatez, &c.

VENUS.

Que l'Air forme pour luy de douces influances.

LE DESTIN.

Que la Terre pour luy produise des lauriers.

ENSEMBLE.

Que le Feu promt pour ses vangeances,
De cent foudres mortels, arme ses fiers Guerriers.
Que ses Vaisseaux maîtres des Ondes,
Luy portent les trésors & les vœux des deux mondes.

On danse.

UNE

UNE GRACE.

Songez à faire usage
De vos loisirs,
La raison du bel âge
C'est le goût des plaisirs:

Qu'Amour regne en vos fêtes,
Venez, suivez ses pas;
Si ce Dieu n'en est pas,
Vos jeux ont peu d'appas:

Il vous offre en ces lieux
Vos premieres Conquestes:
Il n'attend que vos vœux,
Hâtez-vous d'être heureux.

On danse.

UNE GRACE, alternativement avec le CHOEUR.

Ne suivez que l'Amour pour Maître,
Craignez moins ses tendres langueurs:
C'est pour luy qu'il vous a fait naître;
Vivez pour luy, méritez ses faveurs:
Sur ses pas, les plaisirs vont paroître;
Le chercher, le sentir, le connaître,
C'est le seul bien qui soit digne des cœurs. On danse.

CHOEUR.

Trompettes, éclatez, frapez, percez les Airs,
Eclatez, annoncez un Maître à l'Univers.

FIN DU PROLOGUE.

PERSONNAGES
DE LA PREMIERE ENTRÉE.

IXION. — Mr. Chassé.

JUNON. — Mlle. Antier.

MERCURE. — Mr. Jeliotte.

JUPITER. — Mr. Martin.

UNE DES HEURES.

LES HEURES du JOUR & de la NUIT.

CHOEURS d'AQUILONS, & de ZEPHIRS.

PERSONNAGES DANSANTS.

LES ZEPHIRS ET LES HEURES;

Monsieur Matignon;

Messieurs Dumay, Dupré, Dangeville, P-Dumoulin, Bontemps.

Mademoiselle Mariette;

Mesdemoiselles Petit, Thybert, Le Breton, Durocher, Saint-Germain.

PREMIERE ENTRÉE.

L'AIR.

Le Theâtre repréſente le Palais de JUNON.

SCENE PREMIERE.

IXION.

DE la Reine des Airs, tout m'annonce la gloire,
Et tout ce que je vois irrite mes deſirs;
Deſirs ambitieux, helas! dois-je vous croire?
Faut-il vous étouffer & perdre mes plaiſirs?
Malheureux Ixion, quel eſpoir de victoire
Autoriſe icy tes ſoupirs?

SCENE II.

MERCURE, IXION.

MERCURE.

DEpuis que je vous vois à la table des Dieux,
Vous n'avez point encore employé ma puissance.
Verriez-vous nos Beautez avec indifference?
Ne m'en imposez pas; Mercure a de bons yeux.

IXION.

Tout occupé du rang où mon bonheur me place,
Nul autre soin ne m'embarasse.

MERCURE.

Pour occuper les cœurs la grandeur n'a qu'un jour,
Bientôt son éclat importune:
Et la plus brillante fortune
Pour nous désennuyer, nous rend au tendre Amour.

Aimez, n'est-il donc rien qui puisse icy vous plaire?

IXION.

Hé bien, conseillez-moy; quel choix devrois-je faire?

MERCURE.

De l'ennuy d'un vieil Epoux
Consolez la jeune Aurore ;
A Zephire disputez Flore ;
Quel triomphe sera plus doux ?
L'une & l'autre vous implore
Contre l'Amant volage, & le Mary jaloux.

IXION.

Non, non, à ces Beautez je ne rends point les armes.
L'Aurore avec Cephale, oublira ses malheurs ;
Il sçait l'art de tarir ses pleurs,
Et Flore connoît peu les charmes
Des fidelles ardeurs.
Non, non, à ces Beautez je ne rends point les armes.

MERCURE.

Pour vôtre cœur généreux & fidelle,
La fierté de Junon seroit belle à dompter.

IXION.

De Junon !

MERCURE.

Je sçais trop vôtre respect pour elle :
Par des soins empressez on le voit éclater.

IXION.

Pour la Rein e des Cieux, peut-on blâmer mon zele ?

MERCURE.

S'il n'est rien dans les Cieux qui vous puisse arrêter,
Descendons sur la terre où Jupiter m'appelle;
Occupons comme luy, quelque aimable mortelle.

IXION.

A vos sages conseils qui pourroit resister?

ENSEMBLE.

Consultons le plaisir, écoûtons moins la gloire;
Des aveugles mortels évitons les erreurs;
Ils cherchent, en aimant, l'éclat de la victoire;
Contentons-nous d'en goûter les douceurs.

MERCURE.

Vous ne me suivez pas?

IXION.

Préparez la Conquête,
J'attends vôtre retour.

MERCURE.

Je sçais ce qui t'arrête.

IXION, à part.

Auroit-il reconnu l'Objet de mon amour?

SCENE III.

Le Palais de JUNON, s'ouvre; Elle est sur son Trône, le Temps est à ses pieds, les Heures à côté d'elle, avec les Aquilons & les Zéphirs. IRIS paroît sur son Arc, derriere le Trône.

CHOEUR.

Triomphez, triomphez Souveraine des Airs,
Tout est prêt d'obéir à vos ordres divers.

LES ZEPHIRS.

Recevez des Zephirs les paisibles hommages.

LES AQUILONS.

Ouvrez aux Aquilons & la terre & les mers.

LES ZEPHIRS.

Par de beaux jours, enchantons l'Univers.

LES AQUILONS.

Faisons voler par tout l'horreur & les orages.

LES ZEPHIRS.

L'Aurore de ses feux va dorer les nuages.

LES AQUILONS.

Faisons regner la Nuit & les Hyvers.

JUNON.

Aquilons, aux Zéphirs ne faites plus la guerre,
Laissez tous les mortels jouir de mes présens;
C'est des cœurs satisfaits que je veux de l'encens,
Junon fait son bonheur du repos de la terre.

Diligente Aurore,
Répandez encore
Des feux plus brillans;
Commandez au Temps
D'épargner de Flore
Les tresors naissans.

On danse.

UNE DES HEURES, alternativement avec LE CHOEUR.

Heures favorables
Aux vœux d'un Amant,
Coulez lentement,
Soyez durables:
Heures de peine & de tourment,
Passez promptement.

On danse.

JUNON, alternativement avec le CHOEUR.

Vole à ma voix Dieu du Printemps,
Ton amour constant pour Flore,
La rendra plus belle encore:
Regne Dieu du Printemps,
Rend les Mortels toûjours contents.

On danse.

JUNON.

Allez Zephirs, calmez le Ciel, la Terre & l'Onde;
Allez, & de Junon répandez les bienfaits:
Qu'Iris annonce au Monde
Les beaux jours & la paix.

SCENE IV.

SCENE IV.

JUNON, IXION.

JUNON.

ME trompay-je, Ixion ? vôtre faveur nouvelle
M'assure-t-elle en vous, un Ministre fidelle,
A qui je puisse ouvrir mon cœur?

IXION.

Quelle gloire plus belle,
Quel bien pour moy plus prétieux ?
C'est lire dans mon cœur, que d'approuver mon zele:
Ah! de ce seul moment je me crois dans les Cieux.

JUNON.

Vous sçavez, qu'en dépit de mon amour extrême,
Jupiter me trahit, m'offense chaque jour.

IXION.

Jupiter est perfide, & toûjours Junon l'aime!
Quoy, ce Dieu si cheri peut quitter ce séjour!
Je l'ay cru moins heureux de sa grandeur suprême,
Que de l'excès de vôtre amour.

JUNON.

Allez cher Ixion, descendez sur la terre,
Mes Aquilons n'obeïront qu'à vous :
Sçachez quelle Beauté plaît au Dieu du Tonnerre,
Et livrez la victime à mes transports jaloux.

IXION.

Avec bien moins de couroux
La vangeance se signale :
Ne punissez que l'Epoux,
Sans songer à la Rivale.

JUNON.

Eh! qui peut remplacer Jupiter dans mon cœur?

IXION.

Un Amant moins superbe, & plus remply d'ardeur.

JUNON.

Que dites-vous? d'une ardeur indiscrete
Quelque Dieu près de moy vous fait-il l'interprete?

IXION.

Un Dieu! qui donc d'entre eux emprunteroit ma voix?
Pour le bonheur d'un Dieu, voudrois-je vous déplaire?
Non, je vous armerois contre le témeraire.

JUNON.

J'estime ce couroux autant que je le dois.

IXION.

Ah ! n'en pouvez-vous pas penetrer le mistere ?

Des feux les plus ardens je me sens dévorer :
Jugez quelle est leur violence,
Si malgré le danger de rompre le silence,
Un Mortel à Junon, ose les declarer ;
Jugez quelle est leur violence.

JUNON.

Quel discours, quelle horreur, quels transports furieux !
Pour jamais évite mes yeux.

IXION.

Non, j'aime mieux les voir tout armez de colere.

Non, précipitez-moy des Cieux ;
Si je ne vous vois pas, rien ne sçauroit m'y plaire ;
Je vous suivray par tout, à toute heure, en tous lieux.
Non, précipitez-moy des Cieux,
Pardonnez ou vangez un amour témeraire.

JUNON.

Quoy ! plus coupable encor tu braves ma fureur ?

IXION.

Vos bontez m'ont trahy ; quand je voulois me taire,
Vous avez arraché le ſecret de mon cœur.

Percez ce triſte cœur, prenez vôtre victime,
Frapez... je ne me puis repentir de mon crime.....
A mes pleurs, à mes cris, à mes vives douleurs,
N'offrez-vous d'autre prix que toutes vos rigueurs!

Un Nuage dérobe JUNON aux yeux d'IXION.

Mais quel Nuage nous ſépare!
Déeſſe, où fuyez-vous! ... que dis-je? je m'égare,
Le Nuage s'entr'ouvre... O ſpectacle fatal!

SCENE V.

JUPITER, IXION.

JUPITER.

SErs d'exemple aux ingrats, tombe au fonds du Tartare.

IXION.

Dieu cruel, Dieu barbare,
Je meurs du moins ton Rival.

FIN DE LA PREMIERE ENTRE'E.

PERSONNAGES
DE LA
DEUXIE'ME ENTRE'E.

LEUCOSIE, Mlle. Petitpas.

DORIS, Mlle. Julie.

ARION, Mr. Tribou.

NEPTUNE, Mr. Cuignier.

CHOEURS DE TRITONS ET DE NEREIDES.

PERSONNAGES DANSANTS.

MATELOTS ET MATELOTTES;

Mademoiſelle Camargo;

Meſſieurs Matignon, F-Dumoulin, P-Dumoulin, Malter-L., Hamoche.

Meſdemoiſelles Mariette, Thybert, Le Breton, Saint-Germain, Binet.

DEUXIE'ME ENTRE'E.

L'EAU.

Le Theâtre représente le Palais de NEPTUNE.

SCENE PREMIERE.

DORIS, LEUCOSIE.

DORIS.

ENfin, belle Syrene, avez-vous fait un choix?
Et Neptune & Thetis, dont nous suivons les loix,
Attendent que l'Hymen vous fixe en cet empire:
Eole à ce bonheur depuis long-temps aspire.

LEUCOSIE.

Eole ſoûleve les flots,
Les vents ſont animez par ſon couroux terrible:
De l'Onde il trouble le repos,
Je veux un Epoux plus plaiſible.

DORIS.

Favory du Dieu des Eaux
Protée aſpire à vous plaire.

LEUCOSIE.

Non c'eſt envain qu'il eſpere
L'emporter ſur ſes Rivaux.

DORIS.

Craignez-vous l'Amour & ſa flâme,
Ces plaiſirs que vos chants ont vantez tant de fois?
Il anime vôtre voix;
Ne peut-il regner dans vôtre ame?

LEUCOSIE.

Je ne fuis point l'Amour autant que tu le crois.

La Mer étoit tranquille au lever de l'Aurore,
Les ſeuls Zephirs regnoient dans l'humide ſéjour,
La ſenſible Alcione, & l'Epoux qu'elle adore,
Reſpiroient le calme & l'amour.

Des

Des accents enchanteurs font retentir la rive :
Je porte sur les flots une vûë attentive,
J'y vois un Apollon nouveau :
Il en avoit la voix, la lyre, tous les charmes ;
Cet Objet si rare & si beau,
Contre tout autre objet donne à mon cœur des armes.

Bruit de Tempête.

ENSEMBLE.

Quel Orage ! quel bruit ! que de feux, que d'éclairs !
Tous les Vents soûlevent les Mers.

SCENE II.

On voit au fond du Theâtre, un Vaisseau qui s'abîme.

LEUCOSIE, DORIS, CHOEUR.

CHOEUR.

NOus perissons, Ciel ! ô Ciel équitable,
C'est la mort d'Arion, que vange ta fureur.

LEUCOSIE.

Ils vont perir : je plains leur destin déplorable.
Doris, interessez Neptune en leur faveur.

SCENE III.

ARION paroît sur un Dauphin, LEUCOSIE.

ARION.

Vastes Mers, dont les flots ont servy ma vangeance,
Suspendez vôtre violence.
Doux charme de mon art, Accords harmonieux,
Devenez plus touchants, pour rendre grace aux Dieux,
Que pour implorer leur puissance.

LEUCOSIE.

Ah! que mon cœur sent de troubles secrets!
C'est luy qui de l'Amour m'a fait sentir les traits.

ARION, à part.

J'ignore quel air je respire:

à LEUCOSIE.

Où suis-je? daignez m'en instruire.

LEUCOSIE.

Du Dieu des Mers c'est icy le séjour.

ARION.

Vous êtes donc Thetis! Ah Déesse en ce jour
Aprouvez les transports de ma reconnoissance.

LEUCOSIE.

Non, non, Thetis me tient sous son obéïssance;
Mais vous, quel sort nouveau vous amene à sa Cour?

ARION.

Dans les arts d'Apollon élevé dès l'enfance,
Comblé des bienfaits d'un grand Roy,
Je portois mes tresors aux lieux de ma naissance;
De perfides Mortels s'armerent contre moy;
Dans les flots écumans, où me jetta leur rage,
En montrant le Dauphin.
Ce Prodige nouveau parût pour mon secours;
Ainsi le Dieu des mers recompense l'hommage,
Que ma voix & mon cœur luy rendoient tous les jours.

LEUCOSIE.

Quoy! c'est vous, dont la voix en prodiges feconde
Animoit la Terre & les Airs;
Quoy! c'est vous qui chantiez ce jour si cher au monde,
Où la Mere d'amour sortit du sein des Mers?

ARION, à part.

Dieux! que d'attraits! Dieux qu'elle est belle.
à LEUCOSIE.
Venus a dans ces lieux de quoy payer mon zele:
D'un seul de vos regards je serois plus flaté,
Que du prix qu'avoit reçû d'elle,
Le celebre Berger, juge de la beauté.

LEUCOSIE.

Vous ignorez encor qu'une Cour immortelle
A bien d'autres objets dignes de vous charmer?
Un cœur si promt à s'enflâmer
Pourroit devenir infidelle.

ARION.

Insensible jusqu'à ce jour,
J'ignorois les transports dont j'ose vous instruire;
C'est un miracle de l'Amour,
Et trop cher à ce Dieu, pour vouloir le détruire.

LEUCOSIE.

Je dépens de Neptune... Il vient avec sa Cour.

SCENE IV.

NEPTUNE, ARION, LEUCOSIE,
Suite de NEPTUNE.

NEPTUNE.

C'Est peu de vous sauver d'une mort effroyable,
Arion, remplissez un destin glorieux,
Neptune est vôtre Pere... assis parmy nos Dieux,
Vous trouverez ce séjour plus aimable,
Que la Terre & les Cieux.

ARION.

Ah quel bonheur!

NEPTUNE.

Je veux le rendre plus durable,
Je connois vôtre amour, je vous unis tous deux.

Suivez les doux transports que ce Dieu vous inspire,
Qu'il regne, qu'il triomphe, aimez toûjours ses loix:
Que l'accord de vos cœurs, que l'accord de vos voix
Fassent l'honneur de cet Empire.

ARION ET LEUCOSIE.

Soupirons à jamais dans une paix profonde,
Les fleuves cesseront de couler dans les Mers,
Le Soleil cessera de se coucher dans l'Onde,
Quand nos cœurs briseront leurs fers.

NEPTUNE.

Vous, Habitans de mes rivages,
Venez entre eux & moy partager vos hommages.

CHOEUR.

Qu'à nos sens éclatans les Ondes aplaudissent,
Fuyez fiers Aquilons, volez tendres Zephirs,
Que ces beaux lieux, & ces Amans joüissent
Du plus profond repos, & des plus doux plaisirs.

On danse.

LEUCOSIE.

Tendre Amour,
De ce séjour
Chassez les Cruelles,
Et d'Amants fidelles
Formez vôtre Cour.
Dieu des cœurs,
Sur vos faveurs
Fondez vôtre Empire;
Jamais de martire,
Toûjours des douceurs.
Quel plaisir de s'enflâmer!
De nôtre esclavage
Faut-il s'allarmer?
Non, non, dans le bel âge,
Rien ne dédommage
Du bonheur d'aimer.

On danse.

LEUCOSIE, alternativement avec LE CHOEUR.

Jeunes Beautez, venez, c'est trop attendre,
Hâtez-vous de porter les chaînes des Amours.

Les fleuves après un long cours,
A Neptune viennent se rendre:
Les cœurs, après mille détours,
Vont payer à l'Amour le tribut qu'il veut prendre.

Jeunes Beautez, venez, c'est trop attendre,
Hâtez-vous de porter les chaînes des Amours.

FIN DE LA SECONDE ENTRE'E.

PERSONNAGES
DE LA TROISIE'ME ENTRE'E.

EMILIE, Mlle. Antier.
VALERE, Mr. Chassé.
L'AMOUR, Mlle. Cartou.
CHOEUR DE PRESTRESSES DE VESTA.
CHOEUR DE CHEVALIERS ROMAINS.

PERSONNAGES DANSANTS.

VESTALLES;

Mademoiselle Mariette;

Mesdemoiselles Rabon, Durocher, Petit, Carville, Le Breton, Favre, Saint-Germain, Ceinturay.

CHEVALIERS ROMAINS;

Monsieur Dupré;

Messieurs Dumay, Dangeville, Malter-C., P-Dumoulin, Matignon.

TROISIE'ME

TROISIÉME ENTRÉE.

LE FEU.

Le Theâtre représente le Vestibule du Temple de Vesta, & au fonds, le Sanctuaire où est le Feu sacré.

SCENE PREMIERE.

EMILIE, Troupe de PRESTRESSES.

CHOEUR.

Elâme que révere
Cet Empire heureux,
De nos fiers Ayeux
Tresor tutelaire,
Rayon pretieux
Du flambeau des Cieux,
Nuit & jour éclaire,
Et défend ces lieux.

EMILIE.

Brillez dans ces beaux lieux, brillez Flâme éternelle,
Gage de nôtre gloire, Objet de nôtre zele.

Dès mes plus tendres ans asservie à vos loix,
Sous son Empire un autre Dieu m'appelle:
L'Hymen forme pour moy la chaîne la plus belle,
Et je sers vos Autels pour la derniere fois.

Brillez, &c.

CHOEUR.

On vous doit la gloire,
Les jours des Cesars;
Par vous la victoire
Suit nos étendars.

Unique esperance,
Source de bienfaits,
Versez l'abondance,
Donnez-nous la paix.

On danse.

EMILIE.

O Vesta, terrible Déesse,
Tu veux qu'un trépas honteux
Soit la peine de la Prêtresse,
Qui laisse éteindre tes feux.

AUX PRESTRESSES.

Que vos soins assidus préviennent sa vangeance,
Que vos fidelles cœurs attirent ses bienfaits :
Un nœud misterieux enchaîne pour jamais
Ses honneurs & nôtre puissance.

On danse.

EMILIE, à sa Suite.

Allez. Tant que la nuit obscurcira les airs,
Sur le dépost sacré, j'auray les yeux ouverts.

SCENE II.

EMILIE.

AMour, de mon bonheur assure le présage,
Et d'un songe importun viens effacer l'image.

SCENE III.

EMILIE, VALERE.

EMILIE.

AH ! Valere, quel temps vous presente à mes yeux !
Un Mortel ose-t-il penetrer dans ces lieux ?

VALERE.

Ma flâme impatiente
A vaincu tout obstacle : est-ce un crime pour moy,
Est-ce offenser le Ciel garant de vôtre foy ?

L'Amour va combler mon attente,
Bien-tost l'Aurore naissante
Me voit l'heureux Rival des Dieux :
Que je lise du moins mon bonheur dans vos yeux,
Ne me refusez pas un regard qui m'enchante.

EMILIE.

Ah ! devez-vous icy me parler de vos feux ?

VALERE.

Quel azile si févere
Est interdit à l'Amour ?
Dans quel temple ce Dieu ne se fait-il pas jour ?
Il est le souverain des Dieux qu'on y revere.

Vos beaux yeux ſont beignez de pleurs.
Eh, qui les fait couler?

EMILIE.

Helas! j'ay tout à craindre:
Le Ciel à nôtre hymen préſage mille horreurs.

VALERE.

Ah! vous ne m'aimez plus.

EMILIE.

Je ſerois moins à plaindre;
Aprenez donc tous nos malheurs.
Les voiles de la nuit commençoient à s'étendre:
Un ſonge trop flateur vous offroit à mes yeux;
Je vous parlois: Jamais mon cœur ne fût plus tendre;
Quand de triſtes clameurs ont monté juſqu'aux Cieux.
J'ay vû Veſta, ſa voix a glacé mon courage,
Le Temple en a tremblé... du milieu d'un nuage,
Des feux étincelans ont éclaté ſur nous,
Au moment que la mort me ſeparoit de vous.

VALERE.

Reprenez l'eſperance,
Nos feux ſeront victorieux:
Et j'en ay pour garands les Dieux,
Vos attraits & ma conſtance.

EMILIE.

Jusques au jour naissant abandonnez ces lieux,
Je vais de mes devoirs remplir la loy suprême,
Je dois veiller icy.

VALERE.

L'Amour veille pour nous.

EMILIE.

Ce sont mes derniers soins; les Dieux en sont jaloux,
Je retourne à l'Autel.

VALERE.

Vous fuyez qui vous aime?

EMILIE.

A mon bonheur je m'arrache moy-même;
Je porte à la Déesse un cœur trop plein de vous.

VALERE.

L'absence d'un moment m'est un supplice extrême.

SCENE IV.

Le Theâtre s'obſcurcit par l'extinction du Feu ſacré, & la clarté céde à la nuit.

VALERE, CHOEUR DE PRESTRESSES.

CHOEUR.

Quel bruit affreux? quel préſage effroyable;
O Sort cruel. O Prêtreſſe coupable!

VALERE.

De quels lugubres cris retentiſſent ces lieux?

SCENE V.

EMILIE, VALERE.

EMILIE.

QU'ay-je fait ! quelle horreur ! Tonnez, frapez, grands Dieux :
Sur moy seule épuisez vôtre haine implacable.

VALERE.

Qu'avez-vous, Emilie ! Et quel trouble confus !

EMILIE.

Je tremble, Je fremis, Le Feu sacré n'est plus.
J'entends déja la foudre menaçante,
Les Prêtres, le Senat, les Peuples en fureur,
L'on creuse mon tombeau, l'on m'y traîne vivante,
Et d'une lente mort j'y vais subir l'horreur.

VALERE.

Ah ! perisse plûtôt ce Peuple & sa puissance,
Perissent mille fois
Les aveugles auteurs de ces barbares loix,
Qui des fautes du sort accablent l'innocence,
Je vous verois mourir ! Impitoyables Dieux ;
Ah ! si des feux si purs arment vôtre vangeance,
Qui donc est innocent, ou coupable à vos yeux !

EMILIE.

EMILIE.

Ne faites point aux Dieux un reproche inutile.

VALERE.

Fuyons de ces triſtes lieux,
Suivez qui vous adore...

EMILIE.

Où ſera nôtre azile?
Non, non, laiſſez-moy ſeule attendre le trépas,
Icy vôtre préſence offenſe trop ma gloire,
Et vos efforts ne me ſauveroient pas:
Adieu, conſervez ma memoire;
Je pardonne au Ciel en couroux,
S'il ajoûte à vos jours ceux que je perds pour vous.

ENSEMBLE.

Ciel implacable que j'implore,
Frape, lance tes traits, termine mes malheurs,
Non, non, fay ſur moy { *ſeul* / *ſeule* } *éclater tes rigueurs,*
Epargne l'Objet que j'adore.
Mais, quel éclat ſe répand dans ces lieux!
C'eſt l'Amour qui deſcend des Cieux.

SCENE VI.

L'AMOUR, un flambeau à la main, descend sur un Nuage, & rallume le Feu sacré.

L'AMOUR, EMILIE, VALERE.

L'AMOUR.

Mon flambeau sur l'Autel fait revivre la flâme.
Les maux que fait l'Amour, il sçait les reparer.
Vivez belle Emilie, & rassurez vôtre ame ;
C'est vôtre hymen que je viens éclairer.

EMILIE ET VALERE.

Tu fléchis les destins contraires,
Amour, ah! qu'à ce prix nos peines nous sont cheres!

L'AMOUR.

Venez Peuples, venez célébrez ce beau jour,
L'hymen d'une Vestale a fondé vôtre Empire,
Un autre y fait briller le flambeau de l'Amour,
Chantez, ouvrez vos cœurs aux transports que j'inspire.

Les Seigneurs Romains entrent pour mener la Vestale hors du Temple.

VALERE, au Peuple.

Vous qui voyez l'Objet dont je suis enchanté,
Applaudissez à ma félicité.

On danse.

VALERE, à EMILIE.

Le Feu qu'en ce temple on adore,
Languit, s'eteint, s'il manque de ſecours:
Le Feu qui pour vous me dévore,
A pris dans vos beaux yeux dequoy durer toûjours.

Que de vos chants retentiſſent les airs.
Je triomphe du ſort qui nous faiſoit la guerre.
L'Amour commande au Ciel, à la Terre, aux Enfers,
Et dans la main des Dieux il éteint le tonnerre.

CHOEUR.

Que de nos chants retentiſſent les airs,
Triomphez du Deſtin qui vous faiſoit la guerre;
L'Amour commande au Ciel, à la Terre aux Enfers,
Et dans la main des Dieux il éteint le tonnerre.

FIN DE LA TROISIE'ME ENTRE'E.

PERSONNAGES
DE LA QUATRIÉME ENTRÉE.

POMONE, Mlle. Lemaure.
VERTUMNE, Mr. Tribou.
PAN, Mr. Dun.
CHOEUR DE CHASSEURS.
UNE BERGERE, Mlle. Petitpas.
CHOEURS de BERGERS & de BERGERES.

PERSONNAGES DANSANTS.

SUITE DE PAN;

Messieurs Savar, Castillon, Javillier-C.; Mesdemoiselles Durocher, Rabon, Carville.

SUITE DE VERTUMNE;

Monsieur D-Dumoulin;

Messieurs Bontemps, Matignon, F-Dumoulin, P-Dumoulin, Hamoche, Malter-L.

SUITE DE POMONE;

Mademoiselle Camargo;

Mesdemoiselles Thybert, Le Breton, Favre, Saint-Germain, Petit, Centuray.

ED

QUATRIÉME ENTRÉE.

LA TERRE.

Le Theâtre repréſente les Jardins fruitiers de POMONE.

SCENE PREMIERE.

VERTUMNE,

un maſque de femme, à la main.

AMour, rends à mes feux Pomone moins rebelle,
Mes Rivaux dans ſes fers ont envain ſoupiré:
Sans être plus heureux, Vertumne eſt plus fidelle,
Sous ce déguiſement, que tu m'as inſpiré
Amour, rends à mes feux Pomone moins rebelle.

Mais, c'eſt elle que j'aperçoy.

SCENE II.

POMONE, VERTUMNE, sous la forme de NERINE.

VERTUMNE.

Belle Pomone, enfin je vous revoy;
Vous fuyez tous les yeux dans ce charmant azile,
Le bonheur de vous voir n'est donc fait que pour moy.

POMONE.

J'y viens rever: C'est un plaisir tranquille,
Nerine, je n'y veux d'autres témoins que toy.

Jardins délicieux, agreables retraites,
Que je vous dois de paisibles moments!
Beaux Lieux, dont la nature a fait les ornements,
Heureux qui sent le prix de vos douceurs secretes.

VERTUMNE.

Ne jouissez-vous pas du bonheur que vous faites?

Ces champs si fertiles si beaux,
Cette Terre docile à vos heureux travaux,
Les fruits dont elle se couronne,
Tout présente aux yeux de Pomone,
Des triomphes toûjours nouveaux.

POMONE.

J'aime ce ſejour ſolitaire ;
Des Amans importuns j'y fuis l'empreſſement.

VERTUMNE.

Si quelque Amant pouvoit vous plaire,
Il vous rendroit ce ſejour plus charmant,
L'Amour ſçait embellir tous les lieux qu'il éclaire,
La ſolitude plaît avec un tendre Amant.

Nos Dieux, de vos rigueurs ne ceſſent de ſe plaindre,
Quoy! ſerez-vous ſans ceſſe en guerre avec l'Amour ?

POMONE.

Je luy pardonneray peut-être dès ce jour.

VERTUMNE.

à part.

Ciel! quel nouveau Rival auray-je encore à craindre?

On entend un bruit de Chaſſe.

POMONE.

Quel bruit trouble icy nôtre paix?
Dieux, gardez nos vergers, défendez mon ouvrage
Contre l'affreux ravage
Des monſtres des foreſts.

SCENE III.

PAN, VERTUMNE, POMONE.
Troupe de CHASSEURS.

PAN.

Le monstre est tombé sous mes traits,
Et sa dépoüille est un hommage,
Que mon amour présente à vos attraits.

POMONE.

C'est avec bien du bruit m'expliquer vôtre flâme.

PAN.

L'éclat en ma faveur doit prévenir vôtre ame.

A mille autres appas mon cœur a resisté.
Qu'un mutuel amour aujourd'huy vous engage:
Goûtez, goûtez l'avantage
De triompher d'un Dieu fier de sa liberté.

POMONE.

L'apareil de vôtre victoire,
M'éfraye autant que le danger.

PAN.

Faunes, Silvains, chantez sa gloire,
Sous ses loix je veux vous ranger.
Elle enchaîne mon cœur & m'ôte la memoire
Des plus charmants objets, qui vouloient m'engager.

CHOEUR.

CHOEUR.

Chantons sa gloire,
Sous ses loix il faut nous ranger.

On danse.

PAN, alternativement avec LE CHOEUR.

Chantez-tous Pomone,
Chantez ses attraits
L'Amour vous l'ordonne,
Je céde à ses traits,
Il regne jusqu'en nos forêts.

Heureux esclavage!
Un cœur qui s'engage
Triomphe du poids de ses fers;
Offrez pour hommage,
Vos charmants concerts:
Sur cent tons divers,
Trompettes, sonnez dans les airs.

On danse.

POMONE.

Je reçois vôtre hommage avec reconnoissance;
Mais laissez-moy dissiper ma frayeur:
Allez, & marquez-moy par vôtre obéissance,
Ce que je puis sur vôtre cœur.

SCENE IV.

POMONE, VERTUMNE, sous la forme de NERINE.

VERTUMNE.

AUx soupirs du Dieu Pan vous êtes peu sensible.

POMONE.

Eloignons-nous, s'il est possible,

VERTUMNE.

Où voulez-vous aller?

POMONE.

Je ne sçay; suy mes pas.

Non, demeure plûtôt.

VERTUMNE.

Je ne vous quitte pas.

POMONE.

Je te cheris, Nerine, & sçais ton zele extrême.

VERTUMNE.

Non, vous ne sçavez pas à quel point je vous aime.

POMONE.

Penses-tu que l'Amour puisse encor nous former
Ces douceurs, ces plaisirs dont nos chants l'aplaudissent?

VERTUMNE.

Croyez que le bonheur dont les Amants joüissent,
Se sent mille fois mieux qu'on ne peut l'exprimer.

L'hommage du Dieu Pan vous touchera peut-être.

POMONE.

Ah! qu'un Amant aimable est pour nous dangereux!
à part,
Que mon trouble est affreux!
Je voudrois que mon cœur pût demeurer son maître:
à VERTUMNE.
Donne-moy tes conseils, je n'écoûte que toy.

VERTUMNE.

Tout ce que vous voyez vous parle mieux que moy.

Voyez dans ces Vergers la source qui serpente,
Elle embrasse cent fois les jeunes abrisseaux:
Unie avec l'ormeau cette vigne abondante
S'éleve & croît sur ses rameaux;
Cette autre sans appuy demeure languissante;
Ces Palmiers amoureux s'unissent en berceaux;
C'est le plaisir d'aimer que le Rossignol chante:
Ces ondes & ces bois, ces fruits & ces oiseaux,
Tout vous est de l'amour une leçon vivante.

POMONE.

Helas!

VERTUMNE.

Vous soupirez.

POMONE.

Quel mouvement confus!
Voy si dans ces jardins on ne peut nous entendre.

VERTUMNE.

Vous êtes seule icy, parlez.

POMONE.

Il faut se rendre.

Tes conseils sont suivis ou plûtôt prévenus:

Du Dieu que je bravois je n'ay pû me défendre.

VERTUMNE,

à part.

Vous aimez!.. quel Objet?.. que va-t-elle m'apprendre?

POMONE.

Tu me justifieras au nom de mon vainqueur.

L'Amant que j'aime ignore sa victoire:

Nerine, jure-moy de ménager ma gloire.

VERTUMNE.

Ah! ce n'est pas de moy qu'il sçaura son bonheur.

POMONE.

Mais faudra-t-il toujours qu'il l'ignore luy-même.

VERTUMNE.

Eh c'est....

POMONE.

Vertumne.

VERTUMNE.

O Ciel!

POMONE.

C'est Vertumne que j'aime:

VERTUMNE.

En se démasquant.

Vertumne à vos genoux meurt de joye & d'amour.

POMONE.

Que vois-je ; O Dieux ! par quel détour
Avez-vous forcé mon silence !
Je devrois vous punir d'une pareille offense.

VERTUMNE.

N'ay-je pas trop souffert à cacher mes transports ?

POMONE.

Contre un Amant qui plaît on fait de vains efforts.

ENSEMBLE.

Vole Amour, joüy de ta gloire,
Triomphe, c'est à toy que nos plaisirs sont dûs ;
Repare les moments que {mon / son} cœur a perdus
A te disputer la victoire.

POMONE.

Que tout brille en ces lieux d'une beauté nouvelle,
Que l'air y soit plus pur, & la terre plus belle.
Et vous que mes bienfaits ont soûmis à mes loix,
Venez accourez-tous, & célébrez mon choix.

SCENE V.

VERTUMNE, POMONE, JARDINIERS, ET JARDINIERES.

CHOEUR.

Echos, reveillez-vous, repetez nos Chansons.
De si beaux nœuds sont le bonheur du monde;
Que pour eux des plaisirs la source soit feconde,
Comme nos plus riches moissons.

On danse.

POMONE.

Charmant Amour, lancez tous vos traits dans mon ame,
Oiseaux, dont le Printemps renouvelle la flâme,
Chantez, rendez hommage à mon Vainqueur;
De ce jour seulement je compte mon bonheur.

On danse.

UNE BERGERE, alternativement avec LE CHOEUR.

De nos fleurs
Les vives couleurs
N'ont point à l'Aurore
Couté de pleurs.

Tendre Amour,
Tu les fais éclore,
Tu vaux à Flore
Le plus beau jour.

De tes ardeurs,
De tes langueurs
Viens répandre les charmes
Dans tous les cœurs.

Plus d'allarmes,
Que tes armes
Soient nos ſoupirs
Et nos plaiſirs.

On danſe.

UNE BERGERE.

Ah! que d'aimables loix
L'Amour impoſe à nos hommages!
Ah! que ſur nous cent fois
S'épuiſe ſon Carquois:

Il reveille vos ramages,
Oiſeaux, il dit par vos voix:
Cœurs volages,
Cœurs ſauvages,
Fuyez de ces Bois:

Non, non, ſans la tendreſſe
Ne comptons plus de jeuneſſe,
Non, l'Amour ſçait tromper le Temps;
Pour ceux qu'il bleſſe
Tout devient Printemps.

On danſe.

CHOEUR.

Echos, reveillez-vous, repetez nos Chanſons.
De ſi beaux nœuds font le bonheur du monde,
Que pour eux des plaiſirs la ſource ſoit feconde,
Comme nos plus riches moiſſons.

FIN DE LA DERNIERE ENTRE'E.

APROBATION.

J'AY lû par l'Ordre de Monſeigneur le Garde des Sceaux, *Les Elemens*, *Ballet*, qui a déja été imprimé, & je n'y ay rien trouvé qui puiſſe en empeſcher une ſeconde Edition. Fait à Paris, le vingt-deuxiéme Avril mil ſept cent vingt-cinq. DANCHET.

PAR Traité paſſé, DE L'ORDRE DU ROY, pardevant Notaires, le 22. Novembre 1727. entre l'Academie Royale de Muſique, & le Sieur BALLARD, *Seul Imprimeur du Roy, &c. Il eſt Ceſſionnaire de ladite Academie, pour ce qui regarde les Livres mentionnez au Privilege excluſif, accordé par Sa Majeſté à ladite Academie.*

www.ingramcontent.com/pod-product-compliance
Ingram Content Group UK Ltd.
Pitfield, Milton Keynes, MK11 3LW, UK
UKHW020436180726
13839UKWH00004B/1514

9 782329 581620